Nadja Curth-Schulczek

Endlich Yogalehrer – und wie fange ich jetzt an?

Wichtige Fragen, erste Entscheidungen und die Bürokratiehürden

Bibliografische Information der Deutschen Nationalbibliothek: Die Deutsche Nationalbibliothek verzeichnet diese Publikation in der Deutschen Nationalbibliografie; detaillierte bibliografische Daten sind im Internet über www.dnb.de abrufbar.

Herstellung und Verlag: BoD – Books on Demand, Norderstedt

ISBN: 9783842300545

Endlich Yogalehrer – und wie fange ich jetzt an?

Wichtige Fragen, erste Entscheidungen und die Bürokratiehürden

Als Yogalehrer möchte man viel mit Menschen arbeiten. Genau deswegen hat man sich dafür ja entschieden! Die wenigsten machen sich vor Ihrer Ausbildung darüber Gedanken, was denn tatsächlich noch alles mit bedacht werden sollte, bevor man so richtig loslegen kann. Dabei hilft es ungemein, wenn man sich im Vorfeld bereits einmal Gedanken gemacht hat, welche verschiedenen Möglichkeiten einem offenstehen, um sich dann zu entscheiden, was zu einem selbst am besten passt. Hier werden die wichtigsten Überlegungen kurz zusammengefasst.

Inhaltsverzeichnis

Endlich Yogalehrer – und wie fange ich jetzt an?

Wichtige Fragen, erste Entscheidungen und die Bürokratiehürden

1) Als Erstes: Herzlichen Glückwunsch zur bestandenen Prüfung!!

Es ist ein großartiges Gefühl, wenn man all die Anspannung, den persönlichen Stress ablegen kann und all der Druck einem von der Schulter fällt, sobald man seine Prüfung bestanden hat. In den meisten Fällen hat man die Ausbildung zum Yogalehrer neben seinem bisherigen Leben parallel laufen lassen und man hat festgestellt, dass man doch jede Menge Zeit benötigt hat und vieles auf der Strecke geblieben sein mag, aber man wusste ja, wofür man es tut!

Wusste man das wirklich? Hattest Du von Anfang an eine konkrete Idee, wie Du im Nachhinein mit dieser Ausbildung umgehen wirst? Ein konkretes Ziel, eine konkrete Vorstellung? Falls ja, gratuliere ich Dir noch einmal! Denn dann bist Du einer von ganz wenigen – und: Du brauchst eigentlich gar nicht weiterlesen, denn mit ganz konkreten Visionen bist Du bestens vorbereitet und benötigst lediglich ein wenig Unterstützung bei der Umsetzung.

Diejenigen, die ich kenne, sind sich am Anfang meistens erst einmal über gar nichts bewusst gewesen. Und dann wird es nach der Ausbildung tatsächlich erst einmal spannend. Was mache ich nun? Wie fange ich an? Woran muss ich denken? Weiß ich überhaupt genug? Kann ich mich mit anderen, erfahreneren Lehrern messen? Unsicherheiten blockieren einen aber nur und deshalb mein wichtigster Rat: **MACH ES EINFACH!** Und fange sofort an. Deine Unsicherheiten werden nicht geringer, indem Du wartest und noch mehr Fortbildungen hinten dranhängst. Im Gegenteil: Du baust Dir damit eine Barriere auf, die immer größer und größer wird.

Und meine ganz persönliche Überzeugung ist: es kann gar nicht genug Yogalehrer auf unserer Welt geben! Es ist für jeden Platz und Du musst nur erkennen, was genau Dein Bereich ist, mit dem Du Dich wohl fühlst. Das kannst Du nur, indem Du Erfahrungen sammelst und die sammelst Du nur, wenn Du auch wirklich anfängst! Also spring, es lohnt sich!!

2) Mache Dir Gedanken, stecke Dir die ersten Ziele

Du solltest Dir natürlich überlegen, was Du tun möchtest und in welchem zeitlichen Rahmen. Wo stehst Du derzeit in Deinem bisherigen beruflichen und privaten Umfeld? Welche zeitlichen Freiräume bleiben Dir? Was lässt sich vereinbaren? Wie viel Energie kostet es, die Voraussetzungen zu schaffen? Was ist Dir wichtig? Wo liegen generell ganz klar Deine Stärken? Und es hilft, sich auch Gedanken über die eigenen Schwächen zu machen!

Die allermeisten werden nebenberuflich starten wollen und die allerbesten Voraussetzungen sind, dass Du liebst, was Du tust! Dann wird es gut!!

Schlussendlich gibt es verschiedenste Möglichkeiten:

A) Du lässt Dich (z.B. auf Minijobbasis) in einem größeren Studio anstellen

Vorteile: Du hast einen festen Stundenlohn (in der Regel steuerfrei) und musst Dir überhaupt keine Gedanken über irgendetwas machen. Anmeldungen bei Behörden usw. sind aus Deiner Sicht nicht notwendig, das ist alles Aufgabe Deines Arbeitgebers.

Nachteile: Es gibt Vorgaben, die Du mit umsetzen musst und unter Umständen ist es dann nicht mehr „Dein Yoga" und das nimmt Dir eventuell den Spaß.

B) Du arbeitest auf Honorarbasis für andere Studios,

das ist schon ein großer Unterschied zur Möglichkeit a: Du bist dabei nämlich selbständig (vermutlich auf freiberuflicher Weise) und dann ist es wichtig, dass man mit einigen Grundsätzen vertraut ist, denn Du schreibst Rechnungen, musst alles selbst vor dem Finanzamt deklarieren, eine kleine Buchführung vorbereiten und trägst Die Verantwortung eben selbst.

Vorteile: Du brauchst Dich nicht um Räumlichkeiten kümmern, oft auch nicht um die Materialien

Nachteile: unter Umständen wie bei A und mehr Aufwand für den administrativen Teil

C) Du machst Dich selbständig und startest vielleicht in Deinem Wohnzimmer

oder aber suchst Dir entsprechende Räumlichkeiten – so oder so: Du hast zwei Möglichkeiten: Entweder meldest Du ein Gewerbe an oder Du arbeitest als „Lehrer" auf freiberuflicher Basis. Die Unterschiede dieser beiden Formen erläutere ich noch genauer im Abschnitt 3.

Vorteile: Dein Traum ist Dein Traum, Du kannst es genau so gestalten, wie Du es möchtest

Nachteile: Du bist selbständig (auch wenn nur nebenberuflich) mit allen Vor- und Nachteilen. Du musst Rechnungen schreiben, eine Buchhaltung führen, jede Menge administrativer Dinge beachten

D) Du trittst an einen Sport- oder Kneippverein heran

(oder auch Volkshochschule) und gibst Kurse für die Mitglieder. Dafür erhältst Du auf Stundenbasis eine Honorierung im Rahmen einer Übungsleiterpauschale.

Vorteile: Du musst Dich nicht um Werbung kümmern, mit Kursbeginn sitzen die interessierten Schüler auf ihren Matten und schauen Dich erwartungsvoll an. Bis zum einem Jahresbeitrag in Höhe von 2.400,-€ ist diese komplett steuerfrei.

Nachteile: nicht jeder mag Yoga in Turnhallenatmosphäre, Materialien sind unter Umständen nur teilweise vorhanden

Egal, wofür Du Dich entscheidest: nichts ist in Stein gemeißelt. Aber für die Möglichkeit B und insbesondere C möchte ich Dir hier ein paar erste Informationen und Tipps mit auf den Weg geben!

3) *Ich mach´s!* Freiberuflich oder Gewerbe anmelden?

Zuerst: es gibt hier keine gesetzliche Möglichkeit, auch nur ein wenig Geld zu nehmen und das so einzustecken. Das Finanzamt möchte gern alles wissen und natürlich auch entsprechend von allem seinen ihm zustehenden Teil abhaben. Auch wenn Du also unter Freunden 5,-€ nimmst – rein rechtlich ist auch diese kleine Einnahmequelle etwas, was eben auch angemeldet werden muss. Die einzige Möglichkeit, die da ein wenig rausbricht, wäre, wenn Du nur ein Sparschwein aufstellst für rein freiwillige Abgaben.

Du selbst hast nun die Wahl, ob Du das freiberuflich ausüben möchtest oder als Gewerbetreibender. Wenn Du ausschließlich als Yogalehrer arbeitest, ist eine Möglichkeit der freiberuflichen Tätigkeit gegeben. Diese Möglichkeit besteht tatsächlich. Solltet Ihr Euch mit einem Steuerberater unterhalten oder auch mit anderen Fachleuten, kann es möglich sein, dass sie Euch diese Möglichkeit absprechen wollen und Euch dazu raten, ein Gewerbe anzumelden. Das KANN man machen, aber eine freiberufliche Tätigkeit ist trotzdem möglich und kann unter bestimmten Voraussetzungen genau für Dein Vorhaben die erste Wahl sein! Also bitte nicht verunsichern lassen, eine freiberufliche Tätigkeit ist möglich!

Die Möglichkeit der freiberuflichen Tätigkeit erlischt automatisch, wenn Du das koppelst. Möchtest Du z.B. auch Yogazubehör an Deine Schüler verkaufen oder arbeitest gleichzeitig z.B. mit Massagen, fällt die Wahl weg – in dem Fall bist Du zwingend ein Gewerbetreibender und Dein erster Schritt führt zu Deinem Gewerbeamt, wo Du Dich mit Personalausweis und Firmennamen vor Ort anmeldest. Die Kosten betragen idR um die 30,- € und damit hast Du schon eine Betriebsausgabe (Beleg also aufbewahren)! Der Rest folgt dann automatisch. Das Gewerbeamt leitet Deine Daten an das Finanzamt weiter und Du erhältst mit zeitlicher Verzögerung irgendwann einen Betriebsanmeldebogen (= „Fragebogen zur steuerlichen Erfassung"), den Du sorgfältig ausfüllst bzw. von einem Steuerberater Deines Vertrauens ausfüllen lässt.

Wenn Du freiberuflich arbeitest, gehst Du den Weg direkt zum Finanzamt und lässt Dir den Betriebsanmeldebogen aushändigen bzw. Du nutzt den Link, füllst den direkt aus und sendest ihn an das Finanzamt, die Dir dann aufgrund dessen eine Steuernummer erteilen.

http://www.erfolg-als-freiberufler.de/Fragebogen-steuerliche-Erfassung.pdf

So oder so: mache Dir Gedanken, ob es für Dich interessant sein könnte, jeden Monat eine Umsatzsteuervoranmeldung beim Finanzamt einzureichen. Das kann aber eben auch bedeuten, dass Du unter Umständen jeden Monat Deine Unterlagen zum Steuerberater oder Buchhalter Deines Vertrauens bringen musst – sofern Du die Buchhaltung im kleinen Rahmen nicht selbständig zu Hause übernehmen kannst. Bei einem Jahresumsatz bis zu 17.500,- € kannst Du auf die Umsatzsteuerregelung komplett verzichten (Punkt 7.3 im Fragebogen zur steuerl. Erfassung) unter Berufung auf die Kleinunternehmerregelung.

Vorteile als Freiberufler:

Du zahlst keine Gewerbesteuer, keine Kammerbeiträge zur IHK

Nachteile als Freiberufler:

Eine gesetzliche Rentenversicherungspflicht ab einem monatlichen Gewinn von 450,-€. Für Berufsanfänger ist der Beitrag in den ersten drei Jahren der selbstständigen Tätigkeit auf die Hälfte reduziert. Ab gewissen monatlichen Gewinngrenzen möchte auch Deine gesetzliche Krankenkasse noch zusätzliche Beiträge haben.

Vorteile als Gewerbetreibender:

Keine gesetzliche Rentenversicherungspflicht (das entbindet natürlich nicht von der eigenen Verpflichtung, sich um seine Altersversorgung Gedanken zu machen und entsprechend Maßnahmen zu ergreifen!!)

Nachteile als Gewerbetreibender:

Pflichtbeitrag zur IHK, wenn der Jahresgewinn über 5.200,-€ liegt (danach liegt bis 15.000,-€ der Grundbeitrag bei etwa 30,-€/Jahr, fast alle Industrie- und Handelskammern haben einen Online-Rechner auf Ihrer Seite).

Ab gewissen monatlichen Gewinngrenzen möchte auch Deine gesetzliche Krankenkasse noch zusätzliche Beiträge haben.

Gewerbesteuererklärung und Gewerbesteuer, wenn der Gewinn über 24.500,-€ im Jahr liegt (die Gewerbesteuer wird aber anteilig als Einkommensteuer wieder verrechnet, so dass die Steuerbelastung nicht wirklich immens ist).

Es gilt für die Gewerbetreibenden die Gewerbeordnung! Und das macht den größten Unterschied dann, wenn Du eigene Räumlichkeiten haben möchtest: Als Gewerbetreibender sind Deine behördlichen Auflagen viel größer! Als Freiberufler kannst Du den Yogaunterricht auch jeder Zeit bei Dir zu Hause geben, auch wenn Du in einem reinen Wohngebiet wohnst! Als Gewerbetreibender musst Du dafür offiziell eine Genehmigung einholen (ggf Nutzungsänderungsantrag stellen) und dazu verschiedene Auflagen erfüllen (Anzahl Parkplätze auf Deinem Grundstück, Vorgaben zum Brandschutz einhalten usw. usw. – von Bauamt zu Bauamt unterschiedlich).

Eine wichtige gerichtliche Entscheidung aus 2015 für Freiberufler, die im Wohngebiet Yoga anbieten findet Ihr unter:

http://www.juraforum.de/recht-gesetz/yogakurse-sind-im-wohngebiet-zulaessig-531423

(oder unter google Suchbegriffe eingeben wie „Trier, Urteil Yogalehrer")

4) Die ersten Werbemaßnahmen

Brauche ich eine Homepage?

Aber ja! Das ist Deine wichtigste Visitenkarte und deshalb rate ich Dir auch, viele Überlegungen hier hineinzustecken (das ist nicht gleichbedeutend mit viel Geld!)

Eine gute Seite mit einfach nur ansprechenden Kontaktdaten ist dabei mehr wert, als eine weit verzweigte Homepage, die schnell unübersichtlich wird!

Und mittlerweile gibt es jede Menge Baukastensysteme, die ansprechende Seiten möglich machen (die auch unter Nutzung des Smartphones noch ansprechend aussehen!), ohne dass man wirklich viel Geld ausgeben muss. Meine eigene Seite habe ich selbst zusammengestellt unter www.ayuryoma.de. Sie ist nicht perfekt, aber man findet alle Informationen, die in meinen Augen wichtig gewesen sind. Dafür habe ich das 1&1-Baukastensystem verwendet und zahle (nachdem das erste halbe Jahr umsonst gewesen ist) jetzt monatlich keine 12,-€. Es gibt sicher auch noch günstigere Modelle, aber mit diesem kenne ich mich mittlerweile ganz gut aus. Das hat 1 Tag gedauert, aber es hat mir auch irrsinnig viel Spaß gemacht! Wenn Du Unterstützung brauchst, melde Dich einfach. Deine Hausaufgaben dazu: sammele Bildmaterial, dass Du verwenden möchtest (und darfst), mach Dir Gedanken zu Deinem Namen, mit welchen ein oder maximal zwei Farben Du generell auftreten möchtest, dann ist der Rest schnell erledigt. Und wenn Du keine eigenen Bilder hast, solltest Du Dir vielleicht ein paar Bildrechte kaufen, um diese offiziell nutzen zu dürfen, beispielsweise bei www.dreamstime.de oder www.fotolia.de

Die Visitenkarte

Flyer, Visitenkarten und weiteres Werbematerial findest Du überall unter diversen Seiten im Internet. Einer der größeren Anbieter ist sicher www.vistaprint.de, die auch viele Vorlagen schon zur Verfügung stellen. Achte aber darauf, dass Deine Visitenkarten, Deine Homepage und Dein weiteres Werbematerial über dieselbe Farbe verfügen, damit Du Dir gleich Dein einheitliches Bild aufbaust. Die Vergangenheit hat gezeigt, dass es mitunter einfacher sein kann, sich erst für das Outfit der Visitenkarte zu entscheiden und dann erst im Nachgang darauf die Homepage abzustimmen. Aber da kannst Du einfach mal schauen, was Dich persönlich anspricht.

Und Visitenkarten braucht man tatsächlich, aber meistens gerade dann, wenn man keine zur Hand hat. :)

Mittlerweile habe ich in fast jeder Jackentasche welche dabei. Denn selbst wenn man am Wochenende mal zu einem Geburtstag eingeladen ist und andere am Tisch unterhalten sich gerade, während Du nicht dabei bist über das, was Du jetzt tust, wirst Du garantiert angesprochen, sobald Du wieder dazu stößt – und da wäre eine Karte wirklich gut!

Wie immer: Mundpropaganda ist das A & O!

Meine ersten Schüler habe ich bereits vor meiner Prüfung zusammengetrommelt. Und das war ganz leicht: Ich habe eine Handvoll Freunde angerufen und gefragt, ob sie mir einen Gefallen tun könnten und mit mir – zur Vorbereitung auf meine Prüfung – eine Yogastunde machen würden, damit ich weiß, wie es ist, mit mehreren Schülern gleichzeitig umzugehen. Natürlich wollten sie mir alle helfen! Und von den fünf lieben Menschen, sind immer noch vier in meinen Kursen aktiv dabei. Dann kam mal eine Nachbarin einer Freundin dazu und deren Arbeitskollegin, hier mal eine Tochter, da noch eine Bekannte... Ich glaub, das war eine meiner besten Ideen! Und sie haben mir viel Nervosität genommen und ich konnte sicher sein, ein ehrliches Feedback zu bekommen von Leuten, die alle vorher mit Yoga nichts am Hut hatten.

Flyer im Supermarkt ./. Facebook

Es ist egal, was Dein Weg ist – Du musst Dich damit wohl fühlen! Ich persönlich arbeite erfolgreich mit meiner Facebook-Seite und habe auch einen Großteil der Kunden, die ich nicht vorher kannte, darüber gewinnen können. Dafür tue ich mich schwer, einen Flyer bei uns im Supermarkt aufzuhängen. Hin und wieder versuche ich es zwar, aber mehr als ein oder zwei Anrufe sind daraus bisher noch nicht resultiert – und das liegt ganz sicher nur an meiner persönlichen Distanz dazu! Es funktioniert bei anderen gut, das weiß ich. Aber es ist eben auch Frage Deiner Zielgruppe! Und da musst Du Dich einfach fragen, wo Du die erreichst! Wenn Du andere Mütter ansprechen möchtest, dann ist die Ballettschule Deiner Tochter oder der Kindergarten bestimmt die allerbeste Möglichkeit! Ich persönlich habe z.B. viele dabei, die einen Bezug zu Pferden haben (wenn auch eher zufällig, aber auch ich habe da noch Wurzeln), also müsste ich mir eigentlich nur mal überlegen, wo ich denn die Pferdebesitzer genau treffen würde.

Also egal, was Du für Deinen Weg hältst. Du musst dran glauben, lass Dich nicht beirren und probiere alles aus, was Dir dazu einfällt.

5) Vernetze Dich!

Ich persönlich finde es wirklich spannend, was da für Menschen und Persönlichkeiten im Kurs sitzen mögen: auf einmal hat man einen Personal Coach dabei, eine „Mutmacherin", jede Menge hinreißender Seelen und man kann so viel auf einmal auch zusammen bewegen! Das finde ich großartig!

Und das geht natürlich auch bei Facebook. Hier gibt es viele Gruppen, nicht alle sind inspirierend, aber einige. Zum Beispiel kann man Hospitationen an anderen Schulen anbieten oder dort anfragen unter „Yogalehrer Vertretung Aushilfe Mitarbeit Kooperation Hospitation".

Und es hilft ungemein, sich immer mal wieder untereinander auszutauschen und zu hören, wer welche Erfahrungen womit so gesammelt hat! Man fühlt sich besser, wenn man merkt, dass man nicht alleine ist. :)

6) Benötigt man Software?

Ich persönlich arbeite gern professionell. Das liegt aber an meinem beruflichen Werdegang und ich halte einfach viel davon, von Anfang an mehr Zeit zu investieren, um dann später eine Zeitersparnis und eine vernünftige Struktur zu haben. Also habe ich auch von Anfang an mit einer entsprechenden Software gearbeitet und bei mir ist immer Kosten/Nutzen-Faktor der ausschlaggebende Punkt.

Kursverwaltung

Für mich persönlich war bei der Kursverwaltung ausschlaggebend, dass die Daten in einer Cloud liegen mit der Datenbank in Deutschland (Datenschutz). In der Cloud deshalb, weil ich dann auch, wenn ich im externen Büro arbeite Zugriff auf diese Daten habe und spontan jemand ein- oder ausbuchen kann, wenn das Handy klingelt.

Nach mehrfachem Testen habe ich mich am Anfang für die kleine Version (Solo) von Coursika entschieden, die mich monatlich 25,-€ netto kostet. Das habe ich mir eine zeitlang überlegt, weil das eben schon fixe Ausgaben sind, die ja auch erst einmal wieder reinkommen müssen. Nach einem Dreivierteljahr jetzt kann ich für mich sagen, dass es eine gute Entscheidung gewesen ist.

www.coursika.de

Mittlerweile nutze ich die Software von mindbody
(www.mindbodyonline.com)

Aber natürlich funktionieren auch Excel-Listen am Anfang!

Du willst die Einnahmen/ Ausgaben direkt selbst erfassen?

Eine kostenlose Version eines kleinen Kassenbuch-Programmes findest Du bei MMS GmbH, die eine saubere Datev-Schnittstelle haben, so dass die Daten dann nicht noch einmal erneut eingegeben werden müssen, sondern per Datenimport dann direkt Deinem Steuerberater oder

Buchhalter in deren Datev-Software zur Verfügung stehen (Zeitersparnis dort sollte eine Kostenersparnis für Dich bedeuten).

Du hättest gern ein Muster für Yogalehrer dazu und eine kurze Anweisung? Ich kann Dir da gern weiterhelfen.

http://www.mmsgmbh.de/kassenbuch.html

Businessplan

Du hast vor, das Ganze doch größer aufzuziehen und musst für einen Kredit (und um Deine Pläne zahlentechnisch mal wirklich querzuchecken!) einen Businessplan vorlegen?

Mit nachstehendem Tool habe ich auch für größere Unternehmen schon sehr strukturierte Zahlen vorlegen können und entsprechenden Lob von den Banken bekommen:

Die 30tägige Testversion ist kostenlos und in 30 Tagen kann man sich wirklich gut mit seinen Zahlen und Zielen beschäftigen. Das Programm erklärt sich fast von allein, wenn man eine Affinität zu Zahlen hat: http://www.miniplan.eu/

Steuerberater oder selbständiger Buchhalter

Ein selbständiger Buchhalter hat dieselbe Qualifikation wie Dein Sachbearbeiter, der beim Steuerberater für Dich zuständig ist, nimmt aber weniger Geld für die Bearbeitung der laufenden Buchhaltung. Was er nicht machen darf: er darf Dich nicht steuerlich beraten und er darf Dir Deine Jahressteuererklärungen nicht fertigstellen. Wenn für Dich also die Buchhaltung ein extrem rotes Tuch ist, ist es vielleicht eine Möglichkeit, Dir kostengünstigere Unterstützung zu suchen. Es gibt einen

Bundesverband für selbständige Buchhalter mit einer PLZ-Umkreissuche unter www.bbh.de

Aber natürlich ist ein Tipp von Jemanden, den Du kennst deutlich mehr wert!

7) Wie finde ich meinen Preis?

Das ist von vielen verschiedenen Faktoren abhängig!

Musst Du Umsatzsteuer abführen (das macht ja schon mal 19% mehr oder weniger aus!)

In was für einer Umgebung bietest Du Dein Yoga an? Was für Kosten musst Du wieder reinholen? Wie groß sind Deine Kapazitäten? In dem Leitfaden, den ich unter tieferführende Fachliteratur noch einmal kurz hervorgehoben habe, ist das sehr ausführlich beschrieben.

Nehmen wir also an, Du startest als Kleinunternehmer, führst keine Umsatzsteuer ab, so dass das ganze Geld, welches Du vom Kursteilnehmer erhältst in Deine Kasse läuft.

Du musst also grobe Schätzungen aufstellen:

Wie viel Miete zahlst Du für welche Anzahl von Kursen? Die kannst Du dann anteilig herunterbrechen.

Wie viel gibst Du für Materialien aus? Oder müssen die Kursteilnehmer Ihre Matten, Decken, Kissen selbst mitbringen? Was zahlst Du für Deine Werbemaßnahmen, Deine Versicherung, Deine Fachliteratur, Telefon,

Fahrtkosten, Blumen, Tee usw. usw.; teile die Gesamtsumme auf die Anzahl der Kurse, die Du geben möchtest.

In einem Beispiel Yoga-im Wohnzimmer mit Platz für bis zu 6 Schüler:

Miete: keine	**0,-€**

Versicherung:

100,-€ im Jahr ./. 10Monate ./. (3Kurse wö*4,35Wo im Monat=13,05)	**0,77 €**

Nur 10 Monate? Ja! Berücksichtige Krankheit und Urlaubszeiten!

mtl. Werbekosten für Facebook, Homepage, Flyer usw.:

60,-€ + 12,-€ + 8,-€= 80,-€./.Monat * 12Mo./.10Mo ./.13,05	**7,36 €**

Softwarekosten

29,75 € im Monat * 12Mo./.10Mo ./.13,05	**2,73 €**

Material (Matte, Decke, Kissen) – müssen nach 2 Jahren etwa ersetzt werden:

Anschaffung 70,00 x 6 Leute ./. 20 Monate ./. 13,05	**1,61 €**

Telefon, Blumen, Tee, Porto, Bürobedarf usw. usw.

50,-€ im Monat * 12Mo ./. 10Mo ./.13,05	**4,60 €**
Kosten gesamt	**17,07 €** pro Kurs á 90Min.

Dein persönlicher Stundenlohn*, den Du gern hättest: 40,-€ pro 60 min **60,00 € /** Kurs á 90 Min.

Einnahmen, die im Durchschnitt pro Kurs benötigt würden 77,07 € / Kurs á 90 Min.

Wenn Du Platz für 6 Personen hast (+ Du)   **12,85 € pro Kurs**

Bei 4 Kursen/Woche und 8 Teilnehmerplätzen würde sich diese Zahl ändern auf 9,15 € / Kurs.

Vorausgesetzt, Dein Kurs ist dann auch immer voll. :)

Das Beste ist: Rechne es einmal für Deine Bedürfnisse aus, sieh Dir die Zahl an, spiel mit einigen Variablen (Anzahl der Kurse, Software ja oder nein, mehr oder weniger Teilnehmer, zusätzliche Kosten, die bei Dir anfallen usw.) und dann vergiss sie erst einmal wieder für mindestens ein halbes Jahr!

Solange braucht es mindestens, bis man in etwa da ist, wo man gern hin möchte. Im Idealfall kannst Du ein halbes Jahr gut selbst überbrücken. Nichts kann am Anfang störender sein, als das Geld auch wirklich zu brauchen. Das wird sich unweigerlich darauf auswirken, wie Du Dein Yoga vermittelst. Aber es ist gut, sich genau vor Augen zu führen, dass Du Yoga auch nicht wirklich verschenken solltest. Mach Dir also bewusst, dass Du am Anfang damit nicht wirklich Geld verdienst. Du brauchst Zeit, um Dir einen Namen zu machen, um zu wachsen, um zu lernen und Deine eigenen Erfahrungen zu machen.

*davon musst Du Deine privaten Versicherungen und anteilig auch noch Einkommensteuer abführen.

8) Die erste Rechnung schreiben – was gehört dazu?

Überraschenderweise kann man in Deutschland nicht einfach eine Rechnung so schreiben, sondern es gibt auch dafür Regelungen, damit die Rechnung auch als „ordnungsgemäß" durchgehen kann

Die Rechnungsanforderungen umfassen:

- Dein vollständiger Name und vollständige Anschrift (leistendes Unternehmen)

- vollständiger Name und vollständige Anschrift des Kunden (Leistungsempfänger)

- die Steuernummer oder die Umsatzsteuer-Identifikationsnummer von Dir (siehe Betriebsanmeldebogen, aufgrund dessen erhältst Du eine Steuernummer zugeteilt)

- das Ausstellungsdatum der Rechnung

- eine einmalig von dem Unternehmer vergebene Rechnungsnummer

- die Menge der gelieferten Artikel / Dienstleistungen

- die Art (handelsübliche Bezeichnung) der gelieferten Artikel / Dienstleistungen

- Zeitpunkt der Lieferung und Vereinnahmung des Entgelts, wenn diese nicht identisch sind

- das Entgelt, aufgeschlüsselt nach Steuersätzen bzw. mit einem Hinweis auf Steuerbefreiung bei Kleinunternehmerregelung

- Aufschlüsselung von Entgeltminderungen

- angewandter Steuersatz und der auf das Entgelt entfallende Betrag

Für Kleinbetragsrechnungen gilt eine vereinfachte Form:

In diesem Fall muss eine Rechnung gemäß §33 Umsatzsteuer-Durchführungsverordnung nur folgende Punkte enthalten.

- vollständiger Name und vollständige Anschrift des leistenden Unternehmers (jedoch nicht des Leistungsempfängers)

- das Ausstellungsdatum

- die Menge der gelieferte Artikel / Dienstleistungen

- die Art (handelsübliche Bezeichnung) der gelieferten Artikel / Dienstleistungen

- angewandter Steuersatz und der auf das Entgelt entfallende Betrag

9) Brauche ich eine Versicherung?

Zu einer Berufshaftpflichtversicherung würde ich Dir immer raten!! Bei einer nebenberuflichen Tätigkeit kostet die im Jahr in der Regel um die 100,-€ (Gothaer, Volkswohlbund und diverse andere Anbieter). Eine Brille ist schnell mal zertreten, während Du durch die Reihen gehst und man weiß tatsächlich ja nie, was kommt!

Kranken-, Unfall-, Privathaftpflicht-, Berufsunfähigkeit- und Rentenversicherung sollten im besten Fall ja bereits bestehen.

10) Die Kosten Deiner Yogalehrerausbildung: die kannst Du auf jeden Fall ansetzen! Egal, wie Du weitermachst!

Absetzen kannst Du die Kosten für Deine Ausbildung ohnehin.

Die Kosten für die Ausbildung belaufen sich nicht nur auf die Rechnung für die Ausbildung, die Du bezahlt hast, sondern zusätzlich kannst Du Deine Fahrtkosten zum Ausbildungsplatz ansetzen mit 0,30 € / gefahrenen Kilometer (also Hin- und Rückweg) und wenn Du mehr als 8 Stunden im Rahmen Deiner Ausbildung unterwegs gewesen bist (bei einem ganzen Ausbildungstag z.B.) und gerechnet wird von dem Zeitpunkt an, wenn Du Deine Haustür verlässt bis zu dem Zeitpunkt, wann Du wieder zurück bist – kannst Du zusätzlich noch 12,-€ pro Tag ansetzen als Verpflegungsmehraufwand.

Wenn Du bereits eine abgeschlossene Ausbildung hast, gibst Du die Gesamtsumme als Werbungskosten in Deiner Einkommensteuererklärung an, ansonsten als Sonderausgaben und falls Du Dich doch selbständig machen solltest, dann sind das in dem Rahmen natürlich bereits vorweggenommene Betriebsausgaben! – Die werden in voller Höhe mit Deinen Einnahmen verrechnet.

11) Empfehlenswerte tiefergehende Fachliteratur

Der Leitfaden für freie unterrichtende, beratende und therapeutische Berufe von Thomas Bannenberg.
Sehr gut, da der Bereich der Yogalehrer explizit ausführlich mit aufgenommen ist, geht wirklich gut in die Tiefe, auch was die sehr trockenen Aspekte der Tätigkeit angeht. Wird jedes Jahr aktualisiert, also lohnt es sich auf die entsprechende Ausgabe für das Jahr der Anschaffung zu achten!

Marketing für Physiotherapeuten (Erfolgreich mit kleinem Budget) von Westendorf, Schramm, Schneider, Doll
Als Einstieg ganz gut, allerdings muss man vom Physiotherapeuten natürlich ein wenig querdenken, aber es setzt ein paar schöne Impulse und nach dem Weglegen des Buches möchte man gleich wieder mit etwas anfangen.

Alle Angaben in diesen Texten sind nach besten Wissen und Gewissen zusammengetragen. Nichtsdestotrotz übernehme ich keinerlei Haftung und diese Informationen ersetzen auch keine steuerlichen Beratungen, sondern sind vielmehr als erster Hinweis zu verstehen, über welche Dinge man sich einmal Gedanken machen sollte, idealerweise BEVOR man einfach startet. Sie spiegeln lediglich meine ganz persönlichen Erfahrungen wider.

Ich wünsche Dir viel, viel Freude, viel Erfolg und dass Du Dir den Zauber vom Yoga-Teilen oder auch Yoga-Lehren nie verlieren wirst!

Benötigst Du Unterstützung für Dein ganz eigenes Projekt?

Ich helfe Dir gern dabei! Kontaktiere mich gern unter meiner Homepage oder schreibe mir direkt eine Mail an info@ayuryoma.de